电力营销

安全典型案例分析

国网山东省电力公司 组编

中国电力出版社

CHINA ELECTRIC POWER PRESS

内 容 提 要

本书作者总结了近年来各地电力营销服务过程中出现的安全典型案例，经过筛选提炼，选定了具有代表性的52件事例，进行编写。

本书分为六章，包括业扩现场、电能计量、用电检查、智能用电、服务安全、信息安全典型安全事故（事件）分析，在陈述事件经过的同时，深入剖析事件产生原因，并提出整改措施与建议。

本书可供电力企业营销从业人员使用，也可供相关人员参考。

图书在版编目（CIP）数据

电力营销安全典型案例分析/国网山东省电力公司组编. —北京：中国电力出版社，2018.8
（2020.7 重印）
　ISBN 978-7-5198-2348-1

　Ⅰ．①电…　Ⅱ．①国…　Ⅲ．①电力工业–市场营销学–安全管理–案例
Ⅳ．①F407.615

　中国版本图书馆 CIP 数据核字（2018）第 194741 号

出版发行：中国电力出版社
地　　址：北京市东城区北京站西街 19 号（邮政编码 100005）
网　　址：http://www.cepp.sgcc.com.cn
责任编辑：罗　艳（yan-luo@sgcc.com.cn，010-63412315）
责任校对：黄　蓓　常燕昆
装帧设计：张俊霞
责任印制：石　雷

印　　刷：北京博海升彩色印刷有限公司
版　　次：2018 年 8 月第一版
印　　次：2020 年 7 月北京第三次印刷
开　　本：710 毫米×1000 毫米　16 开本
印　　张：3.75
字　　数：56 千字
印　　数：4001—6000 册
定　　价：28.00 元

李向奎	李元付	宋增祥	张宏涛	慕 晓
林 涛	王 景	范建军	许吉凯	田晓磊
代佰华	王贻亮	姜吉平	亓 勇	宫池玉
陈伟斌	梁雅洁	徐新光	郭红霞	荆 臻
杨 剑	王 莉	王运全	夏卓明	刘勇超
刘宏国	孟 巍	陈云龙	郑立群	毕晓凤
李腾昌	杨干廷	姜 鹏	黄 嵩	曹 彤
王兆军	李 霖	王毓琦	赵 斌	张东宁
李军田	程婷婷	田 晓	张春秋	黄光政
韩为民	邱志鹏	杨 阳	翟兴丽	姜思卓
王 强	朱 蕾	孙春艳	杨绪银	胡 洋
常 建	苏万武	郑伟书	于 磊	卜令伟
石维民	张大勇	杜 珂	王智勇	梁海东
焉 华	张善刚	张益豪	李 静	孙海彬
解 磊	胡永朋	杜自刚	李 刚	王春宝
齐 艳	谢炳志	李志民	杨宏伟	周文鹏
张永超	孙亚忠	宋 亮	丁宪勤	赵 滕
成小彬	刘 勇	曲秀勇	刘淑娟	孙逢麟
汤 耀	李爱国	张祥坤	石文秀	孔令稷
郭英民	屈国栋	张建军	宫志寰	王艳冲
冯晨星	刘晓升	彭 静	郝 强	陈敬娟
王 锋	田立坤	刘 旭	李兆明	王 刚
赵宏伟	李延波	赵新贞	马新勇	王俊清
张国星	刘立阳			

党的十九大提出，新时代新征程，坚定走好安全发展之路。党和国家高度重视安全生产，把安全生产作为民生大事，纳入全面建成小康社会的重要内容之中。随着我国安全生产事业的不断发展，严守安全底线、生命安全至上已成为社会共识。电力的可靠供应与社会生产和人民生活紧密结合，电力安全成为社会公共安全的重要组成内容。

安全生产是电网企业经营管理水平的综合反映，坚持"安全第一、预防为主、综合治理"的方针，坚持目标导向和问题导向，树立全员安全理念，是国家电网公司安全管理的重要指导思想。近年来，国家电网公司不断创新安全管理理念，建立新的安全管理机制，不断探索科学合理、行之有效的管理方法，推动电网企业安全工作不断进步。随着互联网的蓬勃发展和电动汽车的兴起，安全生产的概念已从传统的生产检修延伸至营销服务。营销服务点多面广，潜在风险点众多，编者总结了近年来发生在各地电力营销服务过程中出现的安全典型案例，经过筛选提炼，编写了《电力营销安全典型案例分析》，选定了具有代表性的 52 件事例，分为业扩现场、电能计量、用电检查、智能用电、服务安全、信息安全 6 类，在陈述事件经过的同时，深入剖析事件产生原因，并提出整改措施与建议，供广大电力营销从业人员警示参考，引以为戒。

在编写过程中，各网省电力公司给予了大力支持，提供了大量丰富的原始案例资料，在此表示感谢。

由于编者水平有限，汇编中难免存在不妥与错误之处，敬请各位读者批评指正。

编　者

2018 年 7 月

目录

前言

1　业扩现场典型安全事故（事件）分析

案例一　基建增容用电工程现场勘察中人身伤亡事故案例

2010 年 8 月 16 日，某供电公司电能计量中心一名员工，在某开发公司浐灞新城项目部工地，进行基建增容用电工程现场勘察时，发生触电死亡事故。

（一）事故经过

2010 年 8 月 16 日 9 时左右，普华（客户在建工程未供电）项目部工作人员刘某到该供电公司计量中心联系当事人张某，前去进行计量前期勘察工作。因当日该供电公司生产工作计划上安排计量中心张某与马某去西安市大兴路地区城市综合改造工作协调领导小组办公室新装供电客户处工作，张某与刘某初步约定视当天工作完成情况再行联系。14 时 30 分左右，刘某再次来到计量中心找到张某，15 时左右，张某与刘某乘普华项目部车辆前往普华工地现场。在前往普华项目部工地现场途中，15 时 12 分，张某在车上电话告知班长贾某前去普华项目部工地。

15 时 40 分勘察完现场后，张某要求普华项目部刘某开车送其到该开发公司浐灞新城项目部工地。该用户工程属基建增容用电工程，原装容量为 800kVA，此次申请容量 1000kVA，总容量增至 1800kVA。到达现场后，浐灞新城项目部工地电工阎某带领张某来到新增容的 1000kVA 高压计量柜前，由阎某打开高压计量柜门，张某站在柜前俯身察看柜内设备过程中，发生高压计量柜最外侧 A 相母线对其头部放电，致其死亡，时间为 15 时 57 分。

事故发生后，该省电力公司安全监察部、营销部与本供电公司有关领导立即赶赴事故现场，成立事故调查组、善后组等，在配合当地政府调查处理的同时，进行事故调查。

该开发公司浐灞新城项目部客户设备制造厂家为某设备有限公司，产品通过国家 3C 强制性产品认证。高压计量柜型号为 HXGN－12，电压等级为 10kV，出厂日期为 2010 年 5 月 21 日。柜内设备的布置由上到下依次为 10kV 母线、

10kV 电流互感器、隔离开关、熔断器、10kV 电压互感器。10kV 电气设备相序由外到内依次为 A、B、C。10kV 母线最低对地距离为 1.6m，隔离开关静触头对地距离为 0.65m。

（二）事故原因

（1）工作人员张某在客户电工未交代电气设备接线情况且未采取任何安全技术措施、履行许可手续的情况下到客户处工作，违反《国家电网公司电力安全工作规程　变电部分》[简称《安规（变电部分）》] 2.1.4、2.4.2、3.2.3、3.2.10.5、13.1.1 之规定。未主动了解客户现场设备带电情况，未采取必要的安全防护措施，未能与带电设备保证足够的安全距离，是造成此次事故的直接原因。

（2）该开发公司浐灞新城项目部用户在城东分局工程验收后，私自将进线电缆连接至线路开关为原 800kVA 箱式变压器供电，导致进线电缆及 1000kVA 箱式变压器环网柜母线在新安装设备未完成计量验收前已带电，是本次事故发生的重要原因。

（3）生产计划执行不严格，计量中心班组临时动议安排现场作业。在当事人电话临时申请去普华工地工作时，班长未按照规定擅自口头同意，班长在安排现场工作时也未落实保证现场安全的组织措施要求，班长严重失职失查，导致单人作业，是本次事故发生的又一重要原因。

（4）营销业扩报装工程管理缺位，工程现场管理不严，对客户用电监察不到位，未能及时发现客户设备施工过程中擅自变更接线方式，致使新增设备在未经验收情况下出现部分设备带电，是本次事故发生的另一原因。

（三）防范措施

（1）事故发生后，省电力公司立即要求该供电公司停产整顿三天，开展全员安全学习教育活动，全面梳理排查管理中存在的薄弱环节，切实从领导层、管理层、执行层认真查找管理漏洞，从主观上和管理上查找问题，深刻反思安全管理工作中的薄弱环节，及时采取防范措施，严防同类事故再次发生。

（2）认真落实国家电网公司"8·20"安全生产电视电话会议精神，要求公司系统认真学习国家电网公司"8·20"安全生产电视电话会议栾总重要讲话，部署公司系统开展"安全周"活动，要求各单位认真组织干部职工学习本次会议有关文件，学习《国务院关于进一步加强企业安全生产工作的通知》，学习安全生产规程规定，学习事故案例和上级的事故通报，结合实际，深刻分析事故原因，吸取事故教训，举一反三查找安全薄弱环节和安全管理漏洞，制定有效防范及整改措施。

（3）从9月16日至12月25日，在该省电力公司系统开展营销安全及业扩报装百日整顿活动，按照《××省电力公司营销安全及业扩报装百日整顿活动方案》，认真学习国家电网公司营销、业扩报装的制度规定，学习安全工作规程，组织营销系统全员安全规程考试，不合格者不能上岗。全面排查营销管理和业扩报装过程中在管理制度、生产计划执行、现场安全措施设置、人员不规范行为、试验设备和工具，以及防止"人身触电、高处坠落、机械伤害、交通意外"等危险点预控方面存在的安全漏洞和隐患，明晰业扩报装职责分工、工作界面和工作流程，全面整顿营销安全工作秩序，健全营销安全管理制度体系，夯实营销工作安全基础，杜绝营销安全生产事故。

（4）严格生产计划的刚性执行，变更工作计划或安排临时工作必须履行严格的审批程序，批准领导在批准工作的同时必须明确到干部，落实好现场安全措施。严禁无计划安排生产工作，严禁工区、班组临时动议安排生产现场作业。坚持生产现场领导干部和管理人员到岗到位，切实做到人员到位、思想到位、责任到位、措施到位，重点抓好人身伤害安全风险管控，严反各类违章、违纪行为。严格执行《安规》和人身安全劳动保护措施，严格生产现场"两交底"（安全交底和技术交底）和现场监护，扎实推行标准化作业，确保作业人员任务清楚、危险点清楚、作业程序方法清楚、安全保障措施清楚，确保职工人身安全。

（5）坚持以"三铁"（铁的制度、铁的面孔、铁的处理）反"三违"（违章指挥、违章操作、违反劳动纪律）、"严抓严管、重奖重罚"的反违章工作标准，明确各级管理人员现场到位主要职责就是查处违章，营造全员反违章工作氛围。同时充分调动和发挥监督作用，强化现场工作票签发人、工作负责人、专责监护人、工作许可人和工作班成员履责监督，督察现场保证人身安全的劳动保护措施和安全措施的执行情况，及时纠正违章行为和不安全现象，最大限度遏制生产现场各类违章行为，严防生产现场人身伤亡事故。同时要加强员工劳动纪律，严格执行请销假制度，严禁擅自离岗、脱岗，严禁私自外出工作。

（6）继续深化标准化作业。认真总结分析各单位主要专业实施标准化作业的成效和问题，在所有涉及现场作业的专业全面推行标准化作业，特别是一些"冷门"专业，如用电监察、计量、后勤物业等，制定标准化作业卡，将标准化作业向工作的前期准备和工作结束延伸，把作业过程中的各个关键环节与危险点分析等结合起来，实现现场作业全过程的安全控制和质量控制，确保工作计划受控、工作准备受控、作业过程受控、工作结束过程受控，达到现场作业安全管理精细化。

（7）深化安全事故隐患排查治理，落实公司安全管理要求，在继续做好主设备安全隐患排查治理的同时，组织开展各项生产业务管理隐患排查治理，重点检查安全生产管理制度是否符合规程规范、是否符合现场实际、是否具有操作性，检查业务流程是否得到严格执行、是否存在管理空当、是否与其他业务存在冲突和矛盾等，逐步建立生产业务管理安全隐患定期排查治理机制，促进各项业务管理规范化、标准化和保证作业安全的目的。

案例二　新装箱式变压器验收中人身伤亡事故案例

2010 年 9 月 26 日，某省电力公司下属某供电公司客服中心组织计量中心、生技部及施工单位人员，对用户新装箱式变压器进行验收。计量中心一名职工违章打开箱式变压器高压计量柜门，进行高压计量装置检查时触电死亡。

（一）事故经过

2010 年 9 月 26 日 8 时 30 分，应业扩报装用户某建材有限公司要求，该供电公司客服中心安排客户专责吕某组织对新安装的 800kVA 箱式变压器进行验收。10 时 55 分，吕某带领验收人员该供电公司计量中心吴某、李某、生技部熊某和施工单位李某四人前往现场。到达现场后，吕某电话联系客户负责人，到现场协助验收事宜。稍后，现场人员听见"哎呀"一声，便看到计量中心李某跪倒在箱式变压器高压计量柜前的地上，身上着火。经现场施救后送往医院，抢救无效死亡。

经调查，9 月 17 日，施工人员施工完毕并试验合格，因用户要求送电，施工人员在请示某送变电工程分公司经理薛某同意后，未经该供电公司营销部门许可，擅自对箱式变压器进行送电。9 月 26 日验收过程中，计量中心李某（男，27 岁，大专学历，2006 年参加工作）独自一人到箱式变压器高压计量柜处（工作地点），没有查验箱式变压器是否带电，强行打开具有带电闭锁功能的高压计量柜门，进行高压计量装置检查，触及带电的计量装置 10kV C 相桩头。

（二）事故原因

（1）施工单位在设备未经验收、营销管理部门批准的情况下，仅应用户要求擅自对箱式变压器高压电缆送电，造成设备在验收前即已带电；且派出配合验收的人员对现场设备状况不清，未交代设备已经带电，是事故发生的主要原因。

（2）该供电公司客户服务中心验收工作组织混乱，临时动议安排验收工作，现场未认真交代验收有关注意事项，安全措施不到位，是事故发生的又一主要原因。

（3）该供电公司计量中心工作人员到现场验收时，未了解客户设备接线情况，未采取必要的安全防护措施，在未经许可、未认真检查设备是否带电（有带电显示装置）的情况下，强行打开高压计量柜门，触碰计量装置 10kV C 相桩头，是造成事故直接原因。

（4）生产厂家装配的电磁锁产品质量较差，锁具强度不够，不能在设备带电时有效闭锁，是事故的次要原因。

（三）暴露问题

（1）业扩报装管理流程及管理制度执行不到位。设备未经验收，擅自对箱式变压器进行送电，未经变更设计和批准擅自变更供电接线，对用户报装工作流程执行情况没有进行有效监控，相关人员没有逐级把关。生技、调度等生产管理部门管理粗放，不了解所管理电网、设备运行状况，未能及时查明送电情况。

（2）生产组织管理不到位。对用户工程验收没有制订验收工作计划，临时动议进行验收。没有制订验收工作方案，没有明确验收现场的组织措施、技术措施和安全措施；验收前没有召开验收班前会，没有进行安全技术交底，没有告知危险点及其控制措施。

（3）安全教育培训不到位，人员安全素质较差。计量中心现场工作人员不熟悉安全工作规程，不熟悉电气工作票、安全施工作业票实施细则，不熟悉最基本的高压计量带电显示闭锁装置功能，在没有监护且装置闭锁的情况下，仍强行打开高压计量柜门。

（4）对用户设备技术管理不到位。施工单位责任心不强，对所安装设备验收把关不严，没有及时发现电磁锁产品质量较差，锁具强度不够等问题，提供的竣工图与现场实际不符。

（四）防范措施

（1）9月29日召开该省电力公司安全生产紧急会议，通报事故情况，余总经理做重要讲话，认真分析当前安全生产工作中存在的主要问题，提出下一步安全工作重点，布置和落实防人身伤亡事故和人为责任事故的具体措施。

（2）在全公司组织开展"事故反思日"活动。从9月29日至30日，全公司所有施工作业现场停产整顿，开展为期两天的"事故反思日"活动。重点开展事故反思集中学习和"学案例、查不足、谈心得、讲安全"活动。各级领导干部分头带队，参加基层班组的学习反思活动，研究制定有针对性的防范事故措施，并结合实际情况写出事故反思材料。

（3）督促各单位对生产、基建、农电、营销、多经等生产中的各项生产管理流程及现场作业流程进行一次全面清查和梳理，对生产流程的执行情况进行一次全面检查，结合实际情况对生产流程进行相应的补充和完善，确保所有生产工作都建立了相应的生产管理流程和作业流程。加强对各生产流程执行过程中的监控，落实相关领导、管理人员和技术人员签字把关责任，确保所有生产作业工作按流程进行有效运转，切实加强安全生产的过程管理和过程控制。

（4）加强生产作业的组织和领导。要提前做好生产作业计划和安排，增强生产的计划性和严肃性，临时性作业应经过批准，并纳入生产流程进行管理。在安排生产计划的同时，要安排现场带班领导，按照公司"三重"上岗到位（指重要倒闸操作的作业现场，重要施工或检修的作业现场，重要隐患或事故处理的作业现场）规定的要求，落实安全包保责任制，现场带班领导即为现场安全的责任领导，对现场安全负主要责任，违章、事故处罚要首先追究带班领导的安全责任。

（5）加强标准化作业。认真分析标准化作业中存在的执行不到位的问题，在主网全面推行标准化作业的同时，要将标准化作业向农电、营销、多经等领域推进，加强对标准化作业执行情况的检查和考核，坚决杜绝随意作业和凭经验作业的现象。

（6）开展营销安全整顿活动。认真梳理业扩报装项目管理流程，分析查找存在的问题，明确各单位、各部门职责分工、工作界面和工作流程，落实各部门及各级人员安全生产职责，全面整顿营销安全工作秩序，健全营销安全管理制度体系，全面加强智能防窃电改造、用电采集信息系统建设、报装接电、计量轮换（现场检定）、抄表催费、用电检查等专业工作的安全管理。

（7）加大反违章工作力度。加强现场安全稽查，安全稽查工作要覆盖到所有大中型作业项目，对小型作业、营销现场、农电低压作业要组织进行随机重点稽查。要严肃查处各类违章行为，对恶性违章要坚决让违章者下岗并曝光。

（8）加强安全教育培训。要针对农电、营销、多经安全教育培训比较薄弱的情况，结合岗位实际和工作特点，突出《安规》和"两票三制"，开展有针对性的安全教育培训，加大对生产、营销计量作业人员安规抽考和调考的力度，促进各单位进一步提高人员安全素质。

案例三　低压配电箱移位操作中人身伤亡事故案例

2012年6月16日，某电力公司下属某供电分公司某供电所在10kV上瓦房426线16号变压器台低压配电箱的移位操作中，该供电所农村电工张某在未办理工作票、未进行验电、未装设接地线情况下，严重违章作业，导致触电，进而高处坠落（未系安全带），经抢救无效死亡。

（一）事故经过

2012年6月15日（事发前一天），旺业甸供电所农村电工张某（死者，男，39岁）当面向抄表班班长张某提出工作请示，准备将10kV上瓦房426线16号变压器台低压配电箱的安装位置向上移位（配电变压器对地实际距离为2.8m；配电箱对地实际距离为1.25m），抄表班班长张某与该供电所安全员核实，确定配电箱对地实际距离小于该供电分公司隐患排查表中规定的1.5m，同意进行配电箱的移位作业。

根据该地公安局询问笔录及通话时间记录（无录音），6月16日7时左右，抄表班班长张某以电话方式通知张某（死者）："由该供电所农村电工李某和秦某配合其进行移位作业，同时，要求张某（死者）在施工作业前，要先找运检班班长，由运检班班长报供电所所长批准，办好工作票，采取安全措施再施工。"

10时30分许，在运检班班长和供电所所长不知情，也未办理工作票手续的情况下，张某（死者）带领李某和秦某二人到达16号变压器台进行低压配电箱的移位工作。作业人员张某（死者）用存放于家中的10kV绝缘杆，拉开16号变压器台三相跌落式熔断器（型号HRW11－12/200－12.5），李某将16号变压器台低压配电箱内隔离开关拉至分位。在未进行验电、未装设接地线的情况下张某（死者）、秦某二人登台作业。10 时 45 分，张某（死者）作业过程中右手触碰变压器高压套管，触电后高处坠落（未系安全带）。李某、秦某立即与当地医疗急救中心联系救治，并对触电者实施现场触电急救。因伤势过重，张某在喀喇沁旗医院于 2012 年 6 月 16 日 12 时 50 分左右抢救无效死亡。

（二）事故原因

10kV 上瓦房 426 线 16 号变压器台 B 相硅橡胶跌落式熔断器绝缘端部密封破坏，潮气进入芯棒空心通道，致使变压器高压套管带电。死者张某在有两处明显断开点（熔断器和隔离开关），但对变压器高压套管带电不知情的情况下登台作业，是造成本次人身触电死亡事故的直接原因。

事故跌落式熔断器型号为 HRW11 - 12/200 - 12.5，供货日期为 2003 年 7 月 25 日，2004 年 1 月投运。

（1）该供电所抄表班对隐患排查治理工作缺乏统一管理，没有执行停电作业审批制度。

（2）作业人员张某在未办理工作票手续的情况下，擅自带领人员进行停电作业，没有执行保证安全的组织措施。

（3）作业人员在拉开高低压侧断路器后，未对停电设备进行验电、未装设接地线，没有执行保证安全的技术措施。

（4）作业现场没有设立监护人，工作班成员没有及时制止违章行为，在坠落高度基准面超过 2m 的情况下未使用安全带，未执行保证安全的现场防护措施。

（三）暴露问题

事故的发生，暴露出该电力公司部分干部职工安全管理思路不清、安全意识淡薄，部分市、县级供电企业安全基础薄弱、工作人员安全素质低下、班组管理混乱，设备安全管理不到位等问题。

（1）该供电分公司在隐患排查治理部署工作中，没有正确界定生产、安监及相关部门的工作职责，管理思路不清。

（2）部分职工严重违反《国家电网公司安全工作规程》（简称《安规》）等规章制度，普遍存在图省事、怕麻烦、凭经验、存侥幸的心理，安全意识淡薄。

（3）停电作业计划管理粗放，作业随意，没有开展作业风险分析，作业前准备工作不充分。

（4）作业现场管理混乱，作业不交底，现场没有监护人，不执行安全防护措施。

（5）各级领导和管理人员安全职责落实不到位，工作流程不清晰，监督管理不严。

（6）反违章工作不力，作业人员违章严重，工作班成员没有及时制止违章行为。

（7）没有严格执行《安规》中安全工器具的保管使用要求，随意存放绝缘杆等安全工器具。

（8）安全生产教育培训不到位，培训针对性不强，效果不佳，考核不严。

（9）10kV 跌落式熔断器存在严重设备缺陷，运行维护中没有及时发现缺陷。

（四）防范措施

事故发生后，该电力公司高度重视，要求各部门、各单位深刻吸取事故教训，坚持以人为本，切实采取有效措施，迅速扭转安全生产的不利局面。

（1）认真贯彻国家电网公司人身安全专项检查工作要求，开展全范围、无死角的排查工作，深入查找现场管理、制度执行、措施落实、隐患整改、教育培训等方面存在的问题，加强人身安全管理。

（2）组织召开大规模、高规格的安全生产现场会，通报事故情况，深入分析公司内部安全管理存在的问题，部署深入开展反违章，强化计划刚性管理，加强现场安全管控，落实防人身事故措施等重点工作。

（3）该电力公司安全监察部、营销农电部对事故发生单位的安全管理工作进行了检查。

（4）在召开安全生产现场会之后，该电力公司安全监察部结合本次事故暴露的问题，组织安监人员、旗县供电分公司领导、管理人员及部分供电所所长进行了安全管理培训，厘清安全管理思路。

（5）各单位停产一天，深刻吸取事故教训，认真学习《安规》《国家电网公司安全事故调查规程》（简称《事故调规》），严格执行相关管理规定，认真查找不足和漏洞，切实采取防范措施。

（6）要求该供电分公司立即开展停产整顿。停产整顿三天，召开现场安全分析会议，开展安全警示教育，并在全公司范围内开展为期 3 个月的安全生产大反思活动。

（7）以变电安全措施标准化建设为试点，规范现场作业管理。要求各单位进一步强化停电作业计划管理，严格执行"两票三制"，履行停送电程序，落实作业风险预控措施。

（8）贯彻落实各级领导和管理人员到岗到位制度，加大对作业现场的监督检查力度，确保人员到位、责任到位、措施到位，严肃查处各种违章行为。

（9）全面加强职工安全教育，强化教育培训的针对性和实效性，组织开展"两票"安全培训、调考工作，提高一线职工安全意识、自我防护能力和技术水平。

（10）深入开展安全事故"回头看"活动，在"安全日"活动中，对近几年的典型案例进行认真学习，深刻剖析安全隐患，规范现场作业行为，做到安全管理长抓不懈、警钟长鸣。

（11）以学习安全基础知识，提升安全基本技能为目标，组织开展农电系统员工安全知识调考工作，严格执行考核制度，不走形式。

（12）要求各单位加强设备运行维护管理，组织开展 10kV 硅橡胶跌落式熔断器设备隐患专项排查，明确责任人和整改计划，制定此类设备的运行、检修、试验工作标准。

（13）要求农电系统加强安全工器具的定置存放管理，定期检查、试验，专人保管，严格执行出入库手续。

案例四　低压业扩作业中人身触电死亡事故案例

2017 年 9 月 24 日，某电网公司下属某供电公司某供电所一名抄表收费员在开展低压业扩作业过程中，拆除低压线时，因低压线弹起与其上方运行的 10kV 线路安全距离不足发生触电，造成一人死亡。

（一）事故经过

2017 年 9 月 15 日，该供电所营业班应用户袁某权新扩建低压动力线和袁某六将低压线改为动力线的申请，安排谢某荣（死者）等三人到现场查看，查看商定拆除袁某六原有 220V 低压线路，新架设 380V 三相动力线。

9 月 24 日，在无作业计划、作业文件的情况下，工作负责人王某坤（配电班人员）带领 7 名工作班成员到达现场，安排谢某荣、邵某峰负责 220V 线路拆除工作,作业地点在 10kV 某线 N4～N6 杆下穿处附近。在拆除用户产权 220V 旧线过程中，谢某荣、邵某峰两人在 220V 木杆边先将已经停电的 220V 线路从电源侧剪断，然后又到袁某权家院子里进行剪线作业。因线路较高（约 2.5m），剪线钳够不着，谢某荣跳起拉扯 220V 线路时发生触电，后经现场抢救无效死亡。

（二）事故原因

由于待拆除的 220V 旧线从 10kV 该线 N4～N6 杆下穿过（目测两线间距离约 3m），谢某荣在跳起来抓住 220V 线路落下时，220V 线路相邻一档的下穿线路弧垂处向上弹起，与其上方运行的 10kV 该线安全距离不足，发生放电，造成当事人触电。

（三）整改要求

事故发生后公司领导高度重视，领导分别做出指示（详见安监〔2017〕41 号），各单位要认真领会和深入贯彻落实公司领导的指示精神，充分认识到当前做好安全生产工作的极端重要性，切实增强责任感、使命感和紧迫感，以最高的标准，最有效的组织保障、最饱满的精神状态、最严明的工作纪律、切实杜绝大面积停电事故、重大设备事故、人身伤亡事故和重大舆情事件，确保公司安全生产局面稳定，以优异的成绩迎接党的十九大胜利召开。

案例五　业扩装表接电事故案例

（一）事故经过

某供电公司客户经理组织为某客户送电时，询问客户设备是否带电，客户答复未送电设备不带电（实际高压设备已被反送带电），装表人员一人走到高压计量柜前，打开高压计量柜门（门上无闭锁装置），将头伸进柜内察看柜内设备安装情况，高压计量柜带电部位当即对工作人员放电，造成作业人员触电受伤。

（二）暴露问题

（1）客户经理等工作前未进行现场勘查，未弄清楚一次设备带电情况。违反《国家电网公司电力安全工作规程 配电部分》[《安规（配电部分）》]"3.2.1 配电检修（施工）作业和用户工程、设备上的工作，工作票签发人或工作负责人认为有必要现场勘察的，应根据工作任务组织现场勘察，并填写现场勘察记录"、"3.4.8 在用户设备上工作，许可工作前，工作负责人应检查确认用户设备的运行状态、安全措施符合作业的安全要求"的规定。

（2）客户经理等在现场未采取将高压设备停电、验电、接地等安全设施，违反《安规（配电部分）》"4.1 停电、验电、接地"的规定。

（3）高压计量柜没有安装防误入带电间隔的闭锁装置，且在计量柜送电后未在柜门上加挂机械锁，违反《安规（配电部分）》"2.2.3 高压配电站、开闭所、箱式变电站、环网柜等高压配电设备应有防误操作闭锁装置"的规定。

案例六　现场勘查及方案答复事件案例

（一）事件经过

某市特种钢生产企业与电子厂共用一条 10kV 线路，特种钢生产企业申请增容 1500kVA，工作人员李某随即联系客户勘查现场，未戴安全帽、办理安全控制卡进入现场，其间客户告知工作人员将中频炉改为电弧炉，工作人员口头回复需要提交治理技术方案。工作人员出具答复方案时，遗漏客户更改设备方案，造成后期相邻电子厂生产设备大批不合格，且带来安全隐患。

（二）暴露问题

（1）对于具有非线性负荷并有可能影响供电质量或电网安全的用户，应一次性书面告知客户委托有资质的单位开展电能质量评估报告，违反《国家电网业扩报装工作规范》。

（2）工作人员未戴安全帽及未办理安全控制卡。

（3）违反《安规（配电部分）》安全防护相关规定。

案例七　业扩竣工验收事故案例

（一）事故经过

某 10kV 业扩工程现场竣工验收，客户已接入施工电源，造成部分设备带电，某女工作人员在其他工作人员未验电和采取防护措施的情况下开展竣工验收工作，在进线开关柜柜后检查过程中，用相机拍摄进线柜线路 TV 铭牌时发生触电，受重伤。

（二）暴露问题

（1）客户工程未竣工检验或检验不合格即送电，违反《营销业扩报装工作全过程安全危险点辨识与预控手册》第 12 条。

（2）误碰带电设备触电；误入运行设备区域触电，违反《营销业扩报装工作全过程安全危险点辨识与预控手册》第 12 条。对已接电的设备没有视为"运用中设备"。

（3）参与工作人员安全意识淡薄，不勘查现场、不执行工作票制度、不进行安全交底，违反《国家电网公司电力安全工作规程 变电部分》[简称《安规（变电部分）》] 3.1。

（4）不落实"停电、验电、挂地、悬挂标示牌和装设遮栏（围栏）"等基本安全技术措施，违反《安规（变电部分）》4.1。

案例八 业扩验收送电事故案例

（一）事故经过

供电公司工作负责人刘某和业扩施工人员杜某、李某对用户新安装的 250kVA 变压器进行送电（已验收合格并完成送电）。作业人员杜某在杆上进行跌落式熔断器操作，李某负责监护，作业点下方未设置围栏。作业过程中，因绝缘操作杆顶端金属头损坏掉落，砸中下方专责监护人员李某的肩部，造成其肩胛骨损伤。

（二）暴露问题

（1）作业班成员杜某登杆前未对绝缘操作杆状况进行检查，造成绝缘操作杆顶端金属头损坏掉落，违反《安规（配电部分）》"14.1.6 施工机具和安全工器具入库、出库、使用前应检查，禁止使用损坏、变形、有故障等不合格的机具和安全工器具"的规定。

（2）现场未有效设置围栏，违反《安规（配电部分）》"6.2.3（4）在人员密集或有人员通过的地段进行杆塔上作业时，作业点下方应按坠落半径设围栏或其他保护措施"的规定。

（3）工作负责人刘某在工作前未组织检查确认用户设备状态，违反《安规（配电部分）》"3.4.8 在用户设备上工作，许可工作前，工作负责人应检查确认用户设备的运行状态、安全措施符合作业的安全要求"的规定。

2 电能计量典型安全事故（事件）分析

案例一 10kV 业扩工程设备验收中的采集人员人身伤亡事故案例

（一）事故经过

2012 年 8 月 8 日某机电公司自建的 10kV 配电室业扩项目申请验收，某供电公司营销部组织验收后提出整改要求。8 月 20 日应用户申请对该配电设备进行接电。2013 年 3 月 1 日该机电公司整改消缺后再次申请验收。3 月 7 日上午 9 时 55 分，某供电公司营销部业扩项目部项目经理陈某持派工单组织计量班黄某、用电检查班钱某、采集运维班朱某（死者，1977 年出生，1996 年参加工作，副班长，近三年《安规》考试合格）等四人，到该机电公司进行第二次验收工作。此时高压进线柜（型号 KYN28－12）前后柜门都处于打开状态，中置式手车开关在试验位置，下柜 TV 手车未推入开关柜。分工后，项目经理陈某、用电检查班钱某两人在变压器室验收设备；计量班黄某复验结束离开配电室；施工方联系人吴某与采集运维班朱某在高压室进线柜处验收检查。朱某在进线开关柜柜后检查过程中，用相机拍摄进线柜线路 TV 铭牌时发生触电，施工方联系人吴某立即喊叫其他人，进行心肺复苏抢救，同时拨打 120 急救。朱某额头右侧靠眉毛部、左手食指手背、右手食指靠拇指侧有电击痕迹，11 时左右经抢救无效死亡。事故发生后，某供电公司成立事故调查与处置领导小组。同时该省电力公司立即派相关人员赶赴现场，协助事故调查，指导善后处理。

（二）暴露问题

（1）培训教育不到位，人员安全意识淡薄、业务技能差。

（2）业扩工程管理有章不循、管理粗放。

（3）龙岩明发施工安全管理混乱。聘用的作业人员劳动技能及业务素质不满足安全工作需要，施工负责人作业资格证过期；施工现场安全管理混乱，对已接火的设备没有设置安全警示标示，并擅自从邻近冷冻厂变压器台私拉 0.4kV

电源接入该机电公司低压配电屏，施工现场存在安全隐患。

（4）该机电公司安全责任不落实。作为业主单位，没有认真履行业主单位的安全职责，对工程没有进行必要的监督管理，对所聘请的施工单位没有进行严格把关，对施工单位负责人从业资质审查不严。

（三）防范措施

（1）组织学习《安规》《关于加强业扩报装环节安全管理的紧急通知》《营销业扩报装工作全过程防人身事故十二条措施及规定》，以及该省电力公司《防止人身事故六十条重点措施》《关于加强特殊时段、非计划性及小型、分散作业安全管理规定》等相关规程规定。

（2）组织相关人员进行安规、应知应会考试。

（3）加强业扩工程的接入电网（接电）和送电管理。

（4）全面排查配电 GPMS 全网图、确保与现场配网设备接线及设备状态完全一致。

（5）规范业扩项目异动管理"三同步"，要求各单位做到异动申请与接电作业申请同步。

（6）调度下操作令前，核对现场设备状态。

（7）业扩现场工作应严格落实安全措施，主动做好自我防护。进一步明确工作人员应在客户带领下进入工作现场，并事先主动向客户了解现场设备带电情况和危险点情况。工作负责人必须与客户方的电气工作人员一起认真检查现场所做的安全措施，确认工作范围内的设备已停电，安全措施符合现场工作需要，经双方确认后方可开始工作。

（8）对于现场不具备验收条件的可以拒绝验收，并通知施工单位和业主单位做好整改，重新办理验收申请。

案例二　低压台区配电箱计量检查触电死亡事故案例

（一）事故经过

2017 年 6 月某供电所人员刘某、钟某（工作负责人）两人到某台区开展 0.4kV 低压综合配电箱计量检查，当日 15 时 22 分，刘某攀登竹梯至 0.4kV 低压综合配电箱进线柜检查变压器互感器变比，钟某负责监护（综合配电箱距离地面高度约为 2.3m，刘某站在竹梯第七层距离地面高度约为 1.9m）。刘某在检查过程中，不慎碰触到 220V C 相低压铝排裸露的连接部位（漏保上端），触电从竹梯坠落，紧急送至医院后，经抢救无效死亡。

（二）暴露问题

（1）违章作业。死者在作业过程中未采取安全防护措施，严重违反了《安规》等规章制度，安全意识淡薄。

（2）反违章工作不力。作为工作负责人，钟某没有及时发现并制止刘某的违章行为，未能尽到监护责任。

（3）作业风险分析不到位。刘某、钟某对台架低压综合配电箱内低压接线不完全清楚，对带电裸露部分触电风险辨识不到位，也未采取相应防范措施。

案例三　低压电表箱更换触电死亡事故案例

（一）事故经过

2008 年 8 月，某供电公司下属某供电所赵某（农电工）、崔某（农电工）、高某（死者，农电工，25 岁）三人进行低压电能表箱更换工作，赵某为工作负责人，具体工作任务为安装两个电能表箱并停电在 5 号杆、6 号杆处分别进行接引工作。由于天气闷热湿潮，上午安装一个电能表箱后（未在 5 号杆接引线）工作暂停，下午 16 时继续工作。

当天下午的工作任务是先安装一个低压电能表箱，再停电对两个电能表箱进行低压接引线。在下午施工开始之前工作负责人赵某交代了工作任务、安全注意事项并进行简单工作分工。高某作为主要施工作业人员负责安装低压电能表箱和停电后上杆接引线。

在进行电能表箱安装工作中，高某在梯子上进行电能表箱安装和配线，崔某扶着梯子，赵某在地面配合并负责监护。16 时 30 分左右，高某说身体不舒服，赵某怀疑其中暑，让他下来休息。高某下梯子到旁边树荫处休息。崔某上梯继续作业，赵某扶梯并监护。

17 时左右，电能表箱安装工作结束。赵某和崔某找高某，准备进行停电接引线工作，这时发现高某不知去向。分头寻找后，赵某发现高某斜倚在架设 0.4kV 三相四线低压导线的 5 号低压杆下（该电杆为上午已安装电能表箱需在此进行接电作业的电杆，地点位于下午电能表箱安装处南侧约 50m 位置，相隔蔬菜大棚和树木，且有一定角度，从作业现场到该电杆视野无法直视），身上系有安全带，安全帽、绝缘鞋等安全和劳动防护用品齐全，安全带未系在杆上，电杆下散落个人工器具、金具和登杆脚扣。当时高某脉搏微弱，赵某和崔某在现场进行简单的胸外按压急救，并立即送往医院救治。高某经救治无效在医院死亡，经医生检查，右手内侧有瘢痕，为触电痕迹。

（二）暴露问题

（1）员工安全素质不高。农电工高某严重违反《国家电网公司电力安全工作规程　电力线路部分》[简称《安规（电力线路部分）》]等规定，未经批准私自作业、工作负责人对成员失去监控，班组成员互保意识不强等问题，说明员工安全辨识和控制能力不强，安全素质亟待提高。

（2）现场安全控制不力。供电所对施工作业现场的管理薄弱，工作现场管理混乱，反映出安全监督部门和有关管理部门对施工作业，特别是低压小现场的施工作业检查不够，疏于管理，没有落实安全管理重点在基层，关键在现场的工作要求。

（3）安全责任不落实。各级管理人员到岗到位制度落实不够，供电所长、安全监察人员、工作负责人、作业人员都未能切实履行好自己的职责。

（4）危险点分析和控制流于形式。尽管进行了危险点分析和制定了安全防范措施，也填写了安全作业措施票，但是作业人员现场操作过程中却不按要求执行，危险点控制措施形同虚设。对于危险点的控制和防范还不到位，不能认真落实安全措施和技术措施的要求。

（5）规章制度执行不严。个别员工对制度和规程置若罔闻，存在"执行疲劳"现象，各项规章制度的要求不能落到实处。

（6）安全培训不力。安全教育和培训工作与实际结合不够，缺乏针对性和有效性，没能切实提高现场作业人员的安全意识和技能水平。

案例四　客户计量设备安装触电死亡事故案例

（一）事故经过

2006年6月，某供电公司计量班班长李某安排王某（死者）、张某和刘某前往某商业街配电房高压计量柜内为客户安装计量表计。当天8时40分，王某、张某和刘某到达该商业街配电房。由于配电房门已上锁，王某通过电话找到某房地产开发有限公司该商业街工地相关负责人邓某，邓某随即指派工作人员黄某（非电工）到达配电房为工作人员开门。王某等进入高压配电室，来到高压计量柜前，并询问黄某设备是否有电时，黄某"表都没装，怎么会有电！"（实际进线高压电缆已带电）。然后王某吩咐刘某从车上将工器具及表计等搬下车，张某松开计量表计的接线端子螺钉，王某自己一人走到高压计量柜前，打开高压计量柜门（门上无闭锁装置），将头伸进柜内察看柜内设备安装情况，高压计量柜带电部位当即对王某头部放电，王某触电后发出"啊"一声倒在地上。王某经医院抢救无效死亡。

（二）暴露问题

（1）高压计量柜没有安装防误入带电间隔的闭锁装置，在计量柜送电后未在柜门上加挂机械锁。

（2）工作前未进行现场勘查，未弄清楚一次设备带电情况。

（3）在带电运行的高压计量柜上安装表计，没有填用工作票。

（4）现场未采取必要的安全措施。此项工作需要进入高压计量柜高压部分，工作前应采取将高压设备停电、验电、接地等安全技术措施。

（5）王某在无人监护情况下，一人打开高压计量柜的柜门，并将头伸进柜内。

案例五 变电站计量装置改造触电事故案例

（一）事故经过

2012 年 6 月，某供电公司 35kV 某变电站主变压器开关柜计量装置改造完成后施工单位向供电公司计量部门提出安装电能表申请。计量班工作人员李某（工作负责人），王某（受伤人员）在运行人员做好现场安全措施，设置好围栏、标示牌后，办理了工作票开工手续。工作过程中对计量二次接线正确性产生异议，工作负责人李某要求暂停工作，离开工作现场联系工作许可人在工作票增加工作任务进行核线时，王某擅自移开围栏，独自使用解锁工具（钥匙）打开柜门，欲核查二次接线，触及主变压器开关柜内隔离开关（静触头），造成触电受伤。

（二）暴露问题

（1）工作人员安全意识淡薄，无视现场安全措施警示，擅自移开围栏，违反《安规（变电部分）》5.1.4、7.5.8 规定。

（2）安全管理存在薄弱环节，解锁工具（钥匙）管理存在漏洞，未封存保管，致使工作人员自行开启开关柜柜门工作，违反《安规（变电部分）》5.3.6.5规定。

（3）工作负责人监护责任缺失，外出联系工作许可人时没有指定监护人或要求工作人员撤出工作现场，造成工作人员失去监护，违反《安规（变电部分）》6.5.1、6.5.4、6.6.1 规定。

案例六　高压电压互感器现场检验触电事故案例

（一）事故经过

2011 年 8 月，某供电公司营销部计量班工作人员赵某、孙某对高压用户电压互感器进行现场检验，在用户电气设备运行人员林某拉开跌落开关和低压总开关（未拉开出线柜负荷隔离开关），工作班组办理了工作票开工手续。随后，孙某开展电压互感器检验试验，对互感器进行加压，因未采取防止反送电、防止人员触电的有效安全措施，导致加压过程中用户变压器带电，厂家运维人员李某正在对变压器进行清扫维护，造成李某触电受伤。

（二）暴露问题

（1）现场安全措施存在严重漏洞，隔离开关断开位置错误，且只在试验现场设置了围栏，没有考虑到加压后被试设备存在向变压器送电情况，违反《安规（配电部分）》7.2.1、7.4.3、11.2.5 规定。

（2）检验人员安全意识淡薄，工作责任心不强，加压过程中未随时警戒异常现象的发生，及时通知所有人员不得靠近带电设备，违反《安规（配电部分）》11.2.6 规定。

（3）工作票执行不到位，高压试验工作票许可后，应将已许可的检修工作票全部收回，禁止再许可第二张工作票，违反《安规（配电部分）》11.2.1 规定。

案例七　采集运维故障消缺触电事故案例

（一）事故经过

2013 年 3 月，某供电公司营销部计量班工作人员姚某、于某（新员工）对某台区 0.4kV 计量箱集中器离线故障消缺时，于某攀登竹梯至计量箱检查集中器运行状况，因未与带电设备保持足够的安全距离，不慎碰触到计量箱内进线总开关下方低压电缆裸露部位（220V），造成触电，从竹梯坠落。

（二）暴露问题

（1）未切实做好新员工安全意识、安全防护和安全能力培训，致使新员工对现场环境和设备设施不熟悉、作业过程和操作技能不熟练，违反《安规（配电部分）》2.1.10 规定。

（2）安全监护工作存在漏洞，对临时、分散的小型工作现场没有开展有效的安全监护，违反《安规（配电部分）》3.5.1 规定。

（3）工作班成员没有及时制止违章行为，在登高作业的情况下未使用安全带，违反《安规（配电部分）》17.1.10 规定。

（4）作业风险分析不全面，对计量箱带电裸露部分触电风险辨识不到位，且未采取相应的防范措施，违反《安规（配电部分）》4.5.11 规定。

案例八　专变压器终端更换触电事故案例

（一）事故经过

2014 年 9 月，某营销部计量班工作人员对某高供高计用户专变压器终端进行更换。更换过程中，工作人员用接线盒分别将计量电压二次回路断开、电流二次回路短接后实施专用变压器终端拆除，但未考虑到专用变压器终端跳闸线仍带电（220V），未做绝缘包裹处理，不慎碰触造成工作人员触电受伤。

（二）暴露问题

（1）工作负责人严重失职，开工前危险点分析及危险点告知存在盲点，没有真正履行其工作职责，违反《安规（配电部分）》3.5.1 规定。

（2）工作人员安全意识淡薄，自我防护意识差，对工作中的危险点未全面掌握，违反《安规（配电部分）》3.3.12.5 规定。

（3）工作票危险点分析不到位、针对性不强，与现场实际工作脱节，缺少跳闸线带电拆装的具体预控措施，导致设备更换全过程作业危险点未有效控制，违反《安规（配电部分）》8.1.5 规定。

案例九　低压用户装表接电工作触电死亡事故案例

（一）事故经过

2004 年 7 月，某供电所王某、袁某为一用户改线并装电能表。两人未办理工作票即赶到现场，王某负责拆旧和送电，袁某负责安装电能表，两人分头开始工作。王某（身穿短袖上衣和七分裤，脚穿拖鞋）站在铁管焊制的梯子约 1.8m 处拆旧和接线，在用带绝缘手柄的钳子剥开相线（火线）的线皮时，左手不慎碰到带电的导线上，触电后扑在梯子上，经抢救无效死亡。

（二）暴露问题

（1）王某未按要求着装。违反《安规（配电部分）》"2.1.6 进入作业现场应正确佩戴安全帽，现场作业人员还应穿全棉长袖工作服、绝缘鞋"的规定。

（2）袁某、王某都为单人工作，无人监护，违反《安规（配电部分）》"8.2.1 带电断、接低压导线应有人监护"的规定。

（3）低压带电工作，无相关安全措施。违反《安规（配电部分）》"8.1.1 低压电气带电工作应戴手套、护目镜，并保持对地绝缘"的规定。

（4）用户改线并装电能表工作，属无票作业，违反《安规（配电部分）》"3.3.5 填用低压工作票的工作。低压配电工作，不需要将高压线路、设备停电或做安全措施"的规定。

案例十　移装电表未挂接地线触电受伤事故案例

（一）事故经过

2016 年 9 月，某供电站刘某、凌某、郑某三人到用户移装电能表，用户停电后只将 6kV 进线隔离开关拉开，既未挂接地线又未拉开 6kV 支线熔丝。10 时 40 分用户电工何某给 6kV 进行隔离开关换销子，当何某将旧销子拔掉时隔离开关自动落下，正在整理电压互感器二次线工作的郑某左手碰在 6kV 电压互感器 C 相上，造成触电不能脱离。刘某发现郑某触电后，前去拉郑某的衣服，反被触电手臂收缩抱住郑某不能脱离。凌某用大板凳上前去捣，造成弧光短路，6kV 电源支线熔丝三相熔断，刘某、郑某才脱离电源倒下。后送医院抢救脱险，但郑某左手三处烧伤。

（二）暴露问题

（1）工作人员自我防护意识差，安全意识薄弱，装设地线严重违章。

（2）工作负责人组织施工不严肃，对施工现场了解不细，应布置的安全措施交代不详，对自己应承担的安全责任认识不清。

（3）施工单位没有适合现场需要的接地线，不具备施工作业的条件。

（4）施工单位对作业应布置的安全措施没有深刻认识，流于形式。

案例十一　装表工醉酒驾驶死亡事故案例

（一）事故经过

2016 年 6 月，某供电所合同工武某和王某两人各骑一辆摩托车到某乡镇公司道班安装电能表。13 时 30 分工作结束，返回途中在别人家吃午饭，共饮了 10 瓶啤酒。饭后两人各自骑摩托车回供电所。路上武某在前，王某在后。下午 14 时 30 分左右，武某骑摩托车行至某大桥西 50m 处时，武某驾摩托车冲出路面，武某本人摔入排水沟，摩托车跃过排水沟侧翻在 5m 之外，撞上土崖后呈倒立状。随后赶到的王某即向供电所所长报告。待所长和另一职工赶到事故现场，发现武某昏迷不醒，无明显外伤。遂将其送往县医院救治。检查发现武某颅脑有瘀血，当即施行手术取出瘀血。次日 13 时，武某病情恶化，经抢救无效死亡。

（二）暴露问题

（1）武某和王某两人酒后驾驶摩托车，且武某还明显有超速行为，严重违反交通法规，不具备基本的防止交通事故能力。

（2）两人工作日中午喝酒，违反了系统有关禁酒的规定，制度的执行力差。

（3）个人安全思想意识极其淡薄，单位安全培训效果不佳。

案例十二　装表工登高工具滑落死亡事故案例

（一）事故经过

某供电公司客户中心营业管理所副所长按工作计划，分配陈某（工作负责人）、徐某、杨某三人前往某市古城路 267 号安装新表，三人到达工作现场后，徐某在墙壁上固定表板，陈某分配杨某准备登杆接线，约 9 时 10 分，陈某自己将铝合金梯子靠在屋檐雨披上，并向上攀登，当陈某登至约 2m 高度时，梯子忽然滑落，陈随梯子后仰坠地，因安全帽戴不牢靠，造成安全帽飞出，陈某后脑壳碰地并有少量出血，徐某与杨某立即停止工作，拨打 120 电话求救，由救护车将陈某送至医院抢救，于 12 月 4 日经抢救无效死亡。

（二）暴露问题

（1）部门对安全工器具的检查、维护力度不够，铝合金梯脚防滑垫丢失，未及时修复。

（2）个别职工在工作中，存在严重的习惯性违章现象，如工作中违反《电业安全工作规程》的有关规定、工作中失去监护、安全帽戴不牢靠等，同时职工在工作中对不安全行为未做好相互监督、相互提醒，工作人员存在思想麻痹，安全意识淡薄等现象。

（3）安全管理留有死角，各级领导、各部门对复杂工作的安全比较重视，经常进行检查、监督，对简单的一般性工作的安全重视不足，缺少检查、监督，同时对习惯性违章现象考核不够严，使习惯性违章现象屡禁不止。

案例十三　农网低压线路带电五人触亡事故案例

（一）事故经过

2016 年 6 月，某供电公司装表计量班、线路检修班在某县某村按照计划进行 10kV 某公用变压器低压 4 号杆 T 接某一组支线改造工作。在完成两根边导线施放任务后，10 时 50 分左右，开始施放中间两根导线（B 相和零线）。12 时左右，当 B 相和零线两根导线拖放至 7～8 号杆时，由于 1 号杆处施放的 B 相新导线与原 1 号杆上开断并包扎好的 A 相带电绝缘导线发生摩擦，A 相带电绝缘导线绝缘磨坏，带电芯线与新施放的 B 相导线接触带电，致使正在 7～8 号杆之间拉线的施工人员、1 号杆附近线盘处送线的多名施工人员触电，5 号、4 号杆上施工人员明显感到被电击。经采取措施施救，最终事故造成五人死亡，十人受伤（两名供电局职工，八名临时工）。

（二）暴露问题

（1）施工组织者、管理者安全意识淡薄，雷雨天气未及时停止施工作业。

（2）未严格落实工作票、派工单所列安全措施，除对 2 号杆下户线引线接头进行了短接外，其余支线、下户线断开处均未执行验电、挂接地线的安全措施。

（3）个人安全防护意识不强，施工放线方案针对性差，对 1 号杆上带电绝缘线未采取妥善、可靠处置措施，致使其与施放的导线发生摩擦。

3 用电检查典型安全事故（事件）分析

案例一 用电检查相间短路电弧灼伤事故案例

（一）事故经过

2008年2月，某供电分公司用电检查班临时负责人张某（班长有病未上班）、刘某到某宾馆落实用电检查中反映的缺陷，和事先在此等候的该宾馆李某等人进入配电室，先查看了配电盘上的电流表（两边相各200A、中相220A）、电压表。张某用钳形电流表岛盘后在分路空气开关连接的裸母排上测量电流（相间距离很小，约60mm），测量时发生了相间短路起弧，造成张某、刘某电弧烧伤，在场的人员分别将张某、刘某送往医院。径医院初步诊断：刘某脸部和双手背面为轻度电弧烧伤。

（二）暴露问题

（1）张、刘二人当天工作中违反了《用电检查管理办法》第五章第二十三条：用电检查人员在执行用电检查任务时不得代替用户进行电工作业的规定，其工作范围已超出了用电监察人员的职责范围。

（2）张、刘二人当天工作中严重违反了《安规》在带电设备上使用钳形电流表的规定，未办工作票，未使用绝缘手套和绝缘垫，也未将被测的裸露导体表面绝缘。

案例二 客户专线清扫蜇伤事故案例

（一）事故经过

某重要客户2016年秋检进行10kV专线线路停电检修清扫。工作负责人孙某未进行现场勘查办理工作票，线路停电后孙某指挥王某登杆验电悬挂接地线。王某随即系好安全带进行登杆作业，在接近横担处王某手触碰到横担下方马蜂窝，导致颈部面部被马蜂严重蜇伤。

（二）暴露问题

（1）孙某线路作业前未组织现场勘查，违反《安规》"5.2.1 进行电力线路施工作业、工作票签发人或工作负责人认为有必要现场勘察的检修作业，施工、检修单位均应根据工作任务组织现场勘察，并填写现场勘察记录。现场勘察由工作票签发人或工作负责人组织"。《安规》"5.2.2 现场勘察应查看现场施工（检修）作业需要停电的范围、保留的带电部位和作业现场的条件、环境及其他危险点"等。

（2）孙某未认真履行工作监护制度，违反了《安规》"5.5.1 工作许可手续完成后，工作负责人、专责监护人应向工作班成员交代工作内容、人员分工、带电部位和现场安全措施、进行危险点告知，并履行确认手续，装完工作接地线后，工作班方可开始工作。工作负责人、专责监护人应始终在工作现场，对工作班人员的安全进行认真监护，及时纠正不安全的行为"。《安规》"5.5.2 工作票签发人或工作负责人对有触电危险、施工复杂容易发生事故的工作，应增设专责监护人和确定被监护的人员"。

案例三　用户高压计量柜检查触电事故案例

（一）事故经过

某供电公司营销部一行四人到某用户现场进行周期性用电检查，某员工在没有采取任何防护措施的情况下，打开用户配电室内运行的高压计量柜门进行检查，结果造成该员工在检查时发生了触电受伤事故。

（二）暴露问题

（1）该员工在明知高压计量柜门被闭锁的情况下，未经许可擅自解锁打开高压计量柜门，违反《安规（配电部分）》"2.1.8 工作人员禁止擅自开启直接封闭带电部分的高压配电设备柜门、箱盖、封板等"的规定。

（2）工作负责人监护不到位，没有发现并及时制止工作人员擅自解锁打开高压计量柜门。

案例四　反窃电稽查触电受伤事故案例

（一）事故经过

在对某客户反窃电稽查过程中，作业人员检查客户配电室计量装置接线情况，因客户私自短接电能表，电线外漏，造成作业人员触电受伤。

（二）暴露问题

（1）作业人员安全意识淡薄，未使用绝缘工具，对外裸的导电部位未采取绝缘措施，操作时造成相间或相对地短路。

（2）作业人员未使用安全工器具，违反《安规》规定：进入作业现场应戴手套、护目镜，并保持对地绝缘。

案例五　反窃电稽查遭人身伤害事故案例

（一）事故经过

根据群众举报，某供电公司在对某客户进行反窃电稽查时，因对客户现场不熟悉，对客户配电室及线路走向未能充分了解，造成检查人员在检查时因获取证据心切，与客户发生争执，造成客户窃电证据灭失，公司检查人员遭到人身伤害。

（二）暴露问题

工作负责人对现场危险点、安全注意事项介绍不清楚，工作人员未了解现场安全注意事项即开展工作，造成人身伤害，违反《安规》规定：各类作业人员应被告知其作业现场和工作岗位存在的危险因素、防范措施及事故紧急处理措施。

案例六　用户违规使用自备发电机事件案例

（一）事件经过

2015 年 9 月，某供电公司对重要客户进行第三季度周期检查，发现某重要客户正使用一台 300kW 的柴油发电机，经查该公司无任何申请、审批使用自备发电机的手续，也未按要求加装可靠的闭锁装置，就将发电机直接接到总路三相母线上，并且未有相关人员值班。用电检查人员出示相关证件，检查完毕后，填写了"用电检查结果通知书"并向客户说明："使用时虽断开了高压户外式熔断器，但采取这样的方式进行闭锁，严重危及人身、线路的安全，可能会造成不必要的损失。"用电检查人员要求客户立即停止，并拆除危及安全部分的发电机线路，待完善发电机使用手续、安装闭锁装置、签订《用电人自备发电机投运协议》才能重新使用发电机。

（二）暴露问题

（1）用户对自备电源管理规定不清楚。违反《关于加强重要电力用户供电电源及自备应急电源配置监督管理的意见》第三（十一）条规定：重要电力客户如需拆装自备应急电源、更换接线方式、拆除或移动闭锁装置，要向供电公司办理相关手续，并修订相关协议。

（2）重要电力客户未有专人进行值班。违反《关于加强重要电力用户供电电源及自备应急电源配置监督管理的意见》第三（十四）条规定：重要电力用户运行维护自备电源应急电源的人员应持有电力监管机构颁发的"电工进网许可证"持证上岗。

案例七　牵引站接地网改造事件案例

（一）事件经过

2017年10月，党的十九大特级保电期间，某供电公司营销部市场拓展班常某、李某在重点用户保电驻守时发现，某供电段某牵引站进行接地网改造，主要施工项目为在110kV设备区地面挖沟、敷设接地扁铁、焊接、回填等，在施工过程中，安全措施不到位极易造成110kV带电设备接地、人身伤害等安全事故，危及电气化铁路运行。用电检查人员立即向某供电段某牵引站主管部门下达隐患整改通知书，责令其立即停工整改，并联合某市经信委进行了联合执法，施工单位对施工场地进行遮蔽，立即停工，待保电结束，措施经营销部审核同意后再复工。同时在保电期间，营销部市场拓展班人员加强巡视，每天对施工现场进行盯防，确保设备运行正常。

（二）暴露问题

根据《关于加强重要电力用户供电电源及自备应急电源配置监督管理的意见》中要求：重要电力用户是指在国家或者一个地区（城市）的社会、政治、经济生活中占有重要地位，对其中断供电将可能造成人身伤亡、较大环境污染、较大政治影响、较大经济损失、社会公共秩序严重混乱的用电单位或对供电可靠性有特殊要求的用电场所。该用户对自己是一级重要客户，可能造成人身伤亡事故、重大及以上设备和电网事故或较大社会、政治不良影响等严重后果的重要隐患认识严重不足，维护管理的规程制度和应急处置预案执行不到位。用电检查人员应当场开具"限期整改告知书"并报送地方政府相关部门及电力监管机构进行制止。

案例八　春节保电接线短路触电事故案例

（一）事故经过

2013 年 2 月 5 日下午，为迎新春联欢晚会，应电视台请求，某员工与用户电工赵某在连接发电车输出线与用户重要负荷连接开关进行接线时，由于所接开关直接接至负荷母线，开关上接点带电，因接线箱体内有水，造成开关外壳绝缘破坏从而发生相间短路，用户电工赵某胸部至面颈部被电弧烧伤严重，立即送往医院救治，我公司用检人员张某右胳膊被烧伤。

（二）暴露问题

（1）工作人员思想麻痹，对在低压回路上的检查工作没有引起足够的重视。

（2）工作中工作班组个人防护安全工器具不符合要求。

（3）代替客户电工参与用户资产操作。

（4）用电检查班在安排此项工作时，对危险源分析不到位，防范措施不完善。

（5）工作监护人监护不到位，在工作未全部结束就放弃监护。

案例九　用户母线清扫触电死亡事故案例

（一）事故经过

某重要客户 35kV 户外变电站开展春检工作，工作任务为 35kV Ⅰ母线清扫防腐刷漆。工作于当日 7 时开工。工作人员赵某（外包工）因家中有事迟到，于 8 时进入工作现场，在没有完全清楚工作范围、带电部位的情况下，误登 35kV 母联断路器电源侧隔离开关架构，触电身亡。

（二）暴露问题

（1）专责监护人李某当时离开工作现场，失去现场监护，没能第一时间告知迟到的赵某所做的现场安全措施、工作区域、带电部位，是这次事故的主要责任人。违反《安规》6.5.3。

（2）赵某在不熟悉工作内容，未掌握安全措施、危险点的情况下就开展工作，是对自己不负责的行为。违反《安规》6.3.11.5。

案例十　客户电缆老化短路事件案例

（一）事件经过

2014 年 5 月某日星期一下午 13 时 51 分，某医院由于电缆头老化造成该医院电缆分接箱被击穿，三相短路，从而造成主供电源及备用电源全部失电 6h。该医院的手术室、分娩室等重要科室负荷为 1000kVA，各手术室、分娩室等重要科室的 UPS 配置共计负荷为 1000kVA，UPS 持续用电时间为 2h，该医院配备 1 台功率为 880kVA 的柴油发电机，从而造成部分重要负荷用电无法得到正常用电保障，该用户向供电公司申请发电车以保证该医院重要科室用电，但该医院外接电源接口由于设计不合理，造成供电公司发电车无法接入。

（二）暴露问题

（1）重要电力用户自备应急电源配置容量未达到要求，违反《国家电网公司关于高危及重要客户用电安全管理工作的指导意见》第六条规定。

（2）重要电力用户未制定自备应急电源运行操作、维护管理的规程制度和应急处置预案，并定期（至少每年一次）进行应急演练，违反《国家电网公司关于高危及重要客户用电安全管理工作的指导意见》第十三条规定。

案例十一　随意操作造成客户停电事件案例

（一）事件经过

某供电公司检查人员张某、李某（工作负责人）在重要用户检查时，两人按规定检查完必检项目后，张某为记录用户运行数据，在未征得李某（工作负责人）和用户负责人同意，在不了解情况的情况下，私自随意操作设备按钮，造成客户部分区域设备停电。所幸未造成设备和人员事故。

（二）暴露问题

张某私自超越工作范围操作与自己无关的电器，违反《安规（配电部分）》3.3.12.5 关于工作班成员的规定，应服从工作负责人（监护人）、专责监护人的指挥，严格遵守本规程和劳动纪律，在指定的作业范围内工作，对自己在工作中的行为负责，互相关心工作安全。

案例十二　私自拉开隔离开关相间拉弧事件案例

（一）事件经过

2017 年 8 月 25 日，某供电公司用电检查班和计量班工作人员到某配电室进行停电检查及设备试验，在停电过程中，计量班工作人员未按照规程要求，在未断开用户负荷侧开关的情况下，私自将进线隔离开关拉开，造成上触头相间拉弧，所幸未造成设备及人员事故。

（二）暴露问题

（1）操作人员未按《安规》要求正常操作，在未断开负荷设备的情况下，私自拉开隔离开关，造成设备及人身事故隐患。

（2）监护人员监护不力，未能及时制止操作人员违章行为，使操作人员违章操作。

案例十三　私开闭锁触电死亡事故案例

（一）事故经过

2010 年 9 月 26 日 8 时 30 分，某供电公司工作负责人吕某带用电检查人员吴某、李某两人对某重要客户 800kVA 箱式变压器进行用电检查。10 时 55 分到达现场后，吕某与客户负责人联系，到现场协助检查事宜。此时，李某独自一人到高压计量柜处（工作地点），没有查验箱式变压器是否带电，强行打开具有带电闭锁功能的高压计量柜门，进行高压计量装置检查，触及带电的计量装置 10kV C 相桩头，经抢救无效死亡。

（二）暴露问题

（1）工作班成员李某未查验箱式变压器是否带电，强行打开具有带电闭锁功能的高压计量柜门，进行高压计量装置检查，违反《安规（配电部分）》"4.1 在配电线路和设备上工作保证安全的技术措施。包括停电、验电、接地、悬挂标示牌和装设遮栏（围栏）"，"2.1.8 工作人员禁止擅自开启直接封闭带电部分的高压配电设备柜门、箱盖、封板等"的规定。

（2）工作负责人吕某在工作前未组织检查确认用户设备状态，违反《安规（配电部分）》"3.4.8 在用户设备上工作，许可工作前，工作负责人应检查确认用户设备的运行状态、安全措施符合作业的安全要求"的规定。

案例十四　货车斗臂造成线路跳闸事件案例

（一）事件经过

2016 年 4 月 3 日 18 时 56 分，110kV 某线零序Ⅱ段保护动作，重合不成。110kV 该线某备用线路，无损失负荷。经现场勘查发现事故原因为，重型自卸货车司机在夜间无照明无监护情况下，野蛮作业装载铁矿石，升降斗臂触碰 110kV 该线该备用线路 42 号杆与 43 号杆之间 C 相导线，造成线路跳闸。线路跳闸后肇事司机、选矿厂人员逃逸，用电检查人员翻墙进入拍照并立即汇报市安监局。经汇报调度，在输电工区配合下，于 4 日 13 时 5 分对受损导线更换后恢复送电。

（二）暴露问题

（1）思想意识淡薄。王桥村选矿厂负责人无视用电检查人员、山东金岭矿业股份有限公司多次在其厂内外张贴的护线警示材料，同时多次拒签下达的安全隐患告知书，趁夜间野蛮施工。

（2）护区巡视监控力度不足。设备管理单位安全宣传教育力度不足，未充分加强对所辖用户线路护区重点部位巡视、督导、盯防。

（3）违反线路护区规定。《电力设施保护条例》第五十二条：任何单位和个人不得危害发电设施、变电设施和电力线路设施及其有关辅助设施。在电力设施周围进行爆破及其他可能危及电力设施安全的作业的，应当按照国务院有关电力设施保护的规定，经批准并采取确保电力设施安全的措施后，方可进行作业。

4 智能用电典型安全事故（事件）分析

案例一 充电桩更换故障元件事故案例

（一）事故经过

某日，在连续多日阴雨天气影响下，一名充电站设施运维人员单独在某公共充电站更换故障显示屏总成过程中，因充电桩内部受潮漏电，导致在开箱进行检查时，被电击伤。

（二）暴露问题

（1）作业人员安全意识淡薄，未对工作过程风险点分析到位。

（2）作业前未佩戴绝缘手套等安全设施，没有认真检查充电桩是否存在因受潮导致漏电的风险；违反了《电动汽车充换电设施运维服务安全指导意见（试行）》第九条（五）：雨后及时检查积水情况，并及时排水，设备室潮气过大时做好通风。

（3）作业过程未配备、使用安全检测工具，无法判断带电部位。

（4）工作过程中未严格执行工作监护制度。

案例二 工作人员精神状态不佳事故案例

（一）事故经过

在凌晨 1 时 35 分，电动汽车充电客户拨打充电运维服务电话，需现场指导服务，一名运维人员在值夜班过程中赴现场进行处理，由于该工作人员自前一日值班处理联网平台工单，已表现出身体疲惫、精神状态不佳，在此情况下驾驶车辆发生交通事故。

（二）暴露问题

工作负责人未检查工作班成员的精神状态是否良好，违反《安规（变电部分）》6.3.11.2。

案例三　充电桩接入工作事故案例

（一）事故经过

某供电公司营销部五人到某客运公司进行电动汽车充电桩接入，某员工在没有采取任何防护措施的情况下，触碰电动汽车充电桩出线电缆接头，造成该员工触电受伤。

（二）暴露问题

该员工在工作前未检查确认用户设备状态，违反《安规（配电部分）》3.4.8 "在用户设备上工作，许可工作前，工作负责人应检查确认用户设备的运行状态、安全措施符合作业的安全要求"的规定。

案例四　充电站施工事件案例之一

（一）事件经过

在充电站土建沟槽开挖过程中，由于在施工堆置物堆起的斜坡上摆放了施工工具，进出抬搬材料时，造成施工人员滑倒，由于现场路面无硬化，未造成人员受伤。

（二）暴露问题

（1）沟槽开挖时，应将路面铺设材料和泥土分别堆置，堆置处和沟槽之间应保留通道供施工人员正常行走。在堆置物堆起的斜坡上不得放置工具材料等器物，以免滑入沟槽损伤施工人员或电缆《安规（变电部分）》12.2.1.5。

（2）未按要求执行进场前安全施工讲课，每天上工前，施工人员列队，由施工现场负责人进行讲话并分配当天的工作。

案例五　充电站施工事件案例之二

（一）事件经过

在充电站雨棚安装施工过程中，施工人员在脚手架作业时，安全带使用不规范，脚手架固定不牢固。造成人员施工作业时晃动，将施工油漆刷踢落。

（二）暴露问题

（1）凡在坠落高度基准面 2m 及以上的高处进行作业的，都应视作高处作业。高处作业均应先搭设脚手架、使用高空作业车，升降平台或采取其他防止坠落措施，方可进行。

（2）安全带和专作固定安全带的绳索在使用前应进行外观检查。安全带应按附录 L 定期抽查检验、不合格的不准使用［《安规（变电部分）》15.1.1、15.1.5、15.1.6］。

案例六　充电桩设备消缺事故案例

（一）事故经过

某供电公司某员工在后台监测到某充电台区某号充电桩不在线，进行现场核查时，用钥匙打开某号充电桩配电箱后盖，用手按压检验各端子排的连接情况，造成轻微触电事故。

（二）暴露问题

（1）检验带电设备时，应戴绝缘手套未戴。
（2）对设备进行故障检修时，未先将带电设备停电。

案例七　充电桩操作事故案例

（一）事故经过

电动汽车充电人员，在向公交车充电口插充电枪过程中，不小心触碰充电接口金属部分，造成充电人员手部电伤。

（二）暴露问题

（1）充电作业时须穿戴专业绝缘防护鞋及绝缘防护手套，保持自身、车体、充电桩及周边区域干燥。

（2）充电前，操作人员应检查充电接口是否正常完好，并对车辆进行充电前检查，对充电设备与电动汽车连接和充电参数的设置进行确认。

（3）充电启动后，确认充电正常，并定期巡视充电状态。发生安全事故，应快速按下红色急停按钮，切断电源。

（4）充电过程中，车辆严禁启动或移动，严禁带电插拔充电插头。充电结束后、行车前，驾驶员应确认充电终止及充电设备与电动汽车物理分离。

（5）严禁使用金属物体触碰充电枪接口、充电车充电口。

案例八　充电桩充电过程事件案例

（一）事件经过

在电动公交车进行充电过程中，一名作业人员误拔充电枪，造成充电枪头及车载充电插被电弧灼伤发黑，所幸未造成人员伤害。

（二）暴露问题

（1）未按充电操作流程进行操作，违反《国家电网公司电动汽车充换电现场安全管理暂行办法》4.4.1。

（2）在充电过程中拔下充电枪违反《国家电网公司电动汽车充换电现场安全管理暂行办法》4.4.2、《安规（配电部分）》5.2.2.6。

5 服务安全典型安全事故（事件）分析

案例一 "首问负责"不到位 推诿搪塞不应当

（一）事件经过

2015 年 12 月 15 日，某客户拨打供电所营业厅电话反映停电问题时，接听电话的工作人员态度不好，推诿客户让其自行联系抢修人员，并拒绝向客户提供姓名及工号，客户表示不满。

（二）暴露问题

（1）营业窗口人员服务不规范，对客户咨询未落实"首问负责制"，推诿客户。

（2）工作责任心不强，服务意识淡漠，未能及时妥善处理客户诉求。

案例二 一次告知未落实 多次往返生不满

（一）事件经过

2014 年 6 月 20 日，某居民客户到营业厅咨询更名过户业务，工作人员口头告知客户需要提供新户的身份证、房产证明及复印件。客户再次来到营业厅时，另一工作人员告知还需原户主及其身份证等资料，客户认为是工作人员失误导致他多跑腿，于是表示不满。

（二）暴露问题

（1）工作人员业务知识掌握不全面，未一次性告知客户办理业务变更所需资料，且未提供业务办理告知书，造成客户重复往返。

（2）工作人员责任心不强、工作不严谨，工作中出现失误。

案例三　工作责任心不强　故障抢修超时限

（一）事件经过

2015 年 12 月 19 日，某客户报修家中停电，当值抢修人员赴现场过程中，遇交通堵塞，未能在接到客户报修后第一时间到达现场，未与客户进行联系。到达现场已超出公司对外承诺时限，导致客户投诉。

（二）暴露问题

（1）抢修人员服务意识淡薄，遇有特殊情况下，未在第一时间主动与客户联系说明情况并预约到达现场时间。

（2）工作责任心不强，在已知无法在承诺时限内到达现场的情况下，未及时汇报请求协助抢修。

案例四　施工现场未恢复　客户人身受损伤

（一）事件经过

2014 年年底，某供电所在农网改造施工过程中，因市政关系未协调完毕，改造工程长时间处于停滞状态，该供电所随即把施工材料放置于道路边，造成一小孩在玩耍时跌倒，且手被扎伤，客户不满引起投诉。

（二）暴露问题

（1）现场施工人员责任心差，施工现场停工后未及时在现场摆放安全警示标志和护栏。

（2）工程管理单位对施工现场材料管理不到位，在知道工程长期停滞状态情况下，未及时对施工现场材料妥善放置和保管，埋下安全隐患。

案例五　频繁停电惹人恼　违反规定不应该

（一）事件经过

2016 年 6 月 19 日，某客户反映本小区近两个月内出现五次停电，且每次停电时间过长，严重影响客户的正常生活生产，经落实为四次计划停电及一次故障停电，客户表示非常不满。

（二）暴露问题

（1）违反《供电营业规则》等规定，计划停电管理规定执行不到位，两个月内 10kV 线路计划停电四次。

（2）未建立以客户为导向的协同管理机制，未做到"能带不停、一停多用"。

（3）停电计划管控不到位，计划停电存在随意性。

6 信息安全典型安全事故（事件）分析

案例一 营销系统数据库服务器双机设备故障

2013 年 10 月 29 日 8 时 1 分，某省电力公司发生营销系统数据库服务器双机设备故障，部分营销业务中断 32 小时 31 分。11 月 1～3 日，上级部门组织专家组通过现场查勘、用户访谈、日志分析、记录查阅等方式开展调查分析工作。现将有关情况通报如下。

（一）事件前运行方式

该省电力公司营销系统（生产中心）的数据库由两台 IBMP570 小型机和一台日立 HDSUSP－V 存储设备组成双机群集，分别通过两块光纤通道卡连接 SAN 交换机。另有一台 EMC CX480 作为数据同步复制软件（DSG）的专用存储，用于向营销系统（管理中心）进行数据复制，如下图所示。

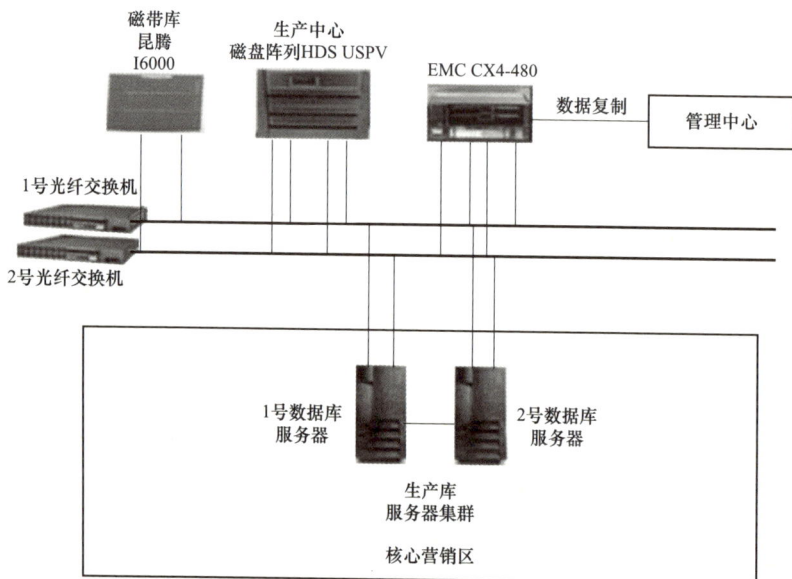

事件前，10月28日14时9分，该省电力公司运维人员巡检发现营销系统（生产中心）数据库2号主机（以下简称"2号机"）主用0号光纤通道卡告警。对系统进行检查后，发现营销系统生产中心与管理中心数据同步不正常。为解决以上问题，计划于当晚进行消缺。

22时，开始进行消缺操作。22时26分，因备用光纤通道卡切换不成功，对2号机执行重启操作。22时41分，重启完成，0号光纤通道卡告警消除，数据同步复制软件（DSG）恢复正常；但是，2号机数据库无法正常启动。为了使2号机数据库恢复正常运行，随即开展群集修复工作，此时营销系统（生产中心）1号主机（以下简称"1号机"）单机运行。

（二）事件经过

29日8时1分，该省电力公司营销系统（生产中心）群集修复过程中，1号机的群集核心进程出现故障，导致1号机宕机。此时2号机仍在修复中，营销系统（生产中心）服务中断。

8时5分，该省电力公司启动应急预案，成立应急领导小组和应急处置小组，召开现场办公会议，分析部署故障应急处置，安排舆情防控。

8时10分，国家电网信通调度监控发现该省电力公司营销系统部分运行指标异常。

8时25分，国家电网信通调度发现该省电力公司营销系统运行指标中断，同时，该省电力公司信通调度向国家电网信通调度申报紧急抢修，并报告国家电网信通部。

9时30分，该省电力公司完成故障定位，确定修复方案。

12时，完成数据库修复实施方案编制，开始软硬件资源准备工作。

16时，准备工作就绪，开始正式恢复数据库。

30日14时26分，数据文件恢复工作全部完成，开始恢复归档日志，并前滚数据库。

16时32分，完成数据恢复工作，系统以单机方式运行，业务恢复正常。

（三）事件影响范围

该省电力公司营销业务应用包括营销系统（含生产中心和管理中心）、95598呼叫平台、分析与辅助决策、稽查监控、用电信息采集等系统。

故障发生后，营销系统（生产中心）服务中断，业扩报装、收费业务受到影响不能应用；营销系统（管理中心）运行正常，历史查询、客户关系管理、需求侧管理等业务未受影响；95598 电话呼入正常，系统工单流转受到影响，临时采用手工派单方式，由国家电网客服北中心受理的"五项业务"无法转接，转由该省电力公司本地应急座席受理，对外服务没有中断；分析与辅助决策系统、稽查监控系统、用电信息采集系统服务正常，业务未受影响。营销系统（生产中心）恢复后，经核查，数据没有丢失。故障发生期间，未发生电视媒体、报纸媒体和网络媒体的负面报道，未发生公众投诉等问题，公司舆情保持平稳。

（四）事件原因及暴露问题

1. 光纤通道卡故障触发主机操作系统磁盘写入异常是导致本次事件的直接原因

2 号机光纤通道卡故障，造成数据复制软件（DSG）无法访问存储设备上的文件系统，使大量文件读写操作挂起，引发 2 号机整个文件系统读写紊乱，存放磁盘识别信息的设备配置库（ODM）未能正确写入所有的共享磁盘。2 号机正常重启后，因找不到正确的磁盘识别信息，2 号机群集软件和数据库无法依次正常启动。为了使 2 号机数据库恢复正常运行，在多次尝试启动主机的群集软件过程中，触发了操作系统群集软件缺陷，引起 1 号机群集核心进程故障，导致 1 号机宕机，重启后 1 号机同样找不到正确的磁盘识别信息，1 号机群集软件和数据库也无法依次正常启动，最终导致营销系统服务中断。

2. 数据库单点隐患是导致本次事件的间接原因

营销系统数据库采用双机群集运行方式，在 2 号机出现故障后，1 号机以单机运行方式支撑营销业务应用近 10h。由于双机使用的是同一份数据，在 1 号机也无法正常启动数据库时，营销系统服务没有备用数据库可切换。如果采用主备数据库的架构，发生类似故障甚至存储设备硬件故障时，营销系统服务通常可以在 30min 内快速无损切换至备用数据库运行。

3. 数据量大是导致系统服务恢复时间长的原因之一

该省电力公司营销系统自 2009 年投入运行以来，积累了 10TB 左右的数据，且多为历史电量电费数据。巨大的数据量造成数据恢复缓慢，用时长达 24.5h 左右。暴露出该省电力公司没有针对营销系统及时开展数据归档工作，营销数据的恢复演练及验证工作不到位。同时，也反映出国家电网公司针对大数据量业务系统没有制定具体的归档策略。

4. 技术能力不足是导致系统服务恢复时间长的又一原因

在事件处置过程中，关键处置措施的分析、决策和方案制定间隔时间较长，暴露出现场处置预案有效性欠缺，运维人员处置高端设备和疑难问题的技术能力不足，对厂商依赖度高等问题。必要的厂商维保和第三方技术支持力量较弱，导致对营销系统核心高端设备技术支持力度不够。运维人员对营销系统建设参与度不够，运维工作统一组织和管控力度不足，影响了现场处理效率。

（五）防范措施

1. 针对问题，事件发生单位要采取有效措施进行整改

针对此次事件暴露的问题，该省电力公司要立即开展整改工作。一是针对营销系统数据库单点隐患，于 11 月 22 日向国家电网信通部提交整改方案，并于 12 月 31 日前完成整改工作，提高系统可靠性；二是针对营销系统大数据量运行隐患，于 11 月 22 日前向国家电网营销部、信通部提交营销系统数据归档方案，并于 12 月 31 日前完成实施工作，提升大系统运行质量和快速恢复能力；三是完善现场应急处置预案，强化与营销、外联等业务部门的协同联动机制，提高紧急情况下现场处置能力，于 12 月 31 日前完成预案演练和验证工作，并提交国家电网信通部、营销部和外联部。

2. 举一反三，各单位要全面排查重要信息系统运行隐患

各单位要认真吸取此次事件的经验教训，结合本单位实际，针对 ERP、营销、生产、门户、电子商务平台、95598 客户服务和协同办公等重要信息系统，全面开展运行隐患排查消缺工作，避免类似事件再次发生。一是排查系统结构性运行隐患，重点检查存储和数据库是否单点，双机群集是否有效，现场处置预案是否完备，是否与相关业务部门建立协同联动机制，在此基础上制订整改方案和实施计划，提升系统运行可靠性；二是要排查大数据量运行隐患，重点检查是否建立历史数据库，是否建立数据归档策略，是否定期对数据进行归档，在此基础上由业务部门牵头，信息部门配合开展数据归档工作，有效控制系统过于"臃肿"的问题，提高系统性能和快速恢复能力。

3. 多措并举，建立健全信息系统运行隐患消缺长效机制

各单位要强化安全生产意识，积极主动通过信息化项目、日常检修等途径，排除隐患，有效控制运行风险，形成长效机制。一是要树立主动运维、主动调优、主动技改的工作意识，积极落实资金，组织各方力量主动对信息系统进行

平台层面的系统优化，改变以往被动运维的局面；二是要在 2014 年信息化工作安排中，进一步加大信息系统基础运行平台改造、系统架构和性能优化、运行隐患缺陷消除等项目的比重；三是要进一步加强信息系统运行状态监测和分析评估工作，根据业务规律合理安排检修窗口，加大系统架构优化、代码优化、数据清理和缺陷消除等类型的检修比例，降低非计划停运风险。

针对此次事件，该省电力公司要按照"四不放过"原则，落实各项整改要求。各单位要进一步加强对《国家电网公司安全事故调查规程》的宣贯和学习，切实提高安全生产意识。针对此次事件，于 11 月 22 日前完成信息运维人员全员安全警示教育活动，吸取经验教训，举一反三，避免类似事件再次发生。

案例二　违规自建系统未履行等级保护责任

（一）事件经过

某供电公司自行筹资建设的"某电力业务综合管控平台"因网络安全防护工作落实不到位，系统存在高危漏洞，造成系统被黑客攻击入侵，黑客通过该系统窃取大量电力业务信息和客户信息，并在互联网上散播。根据《网络安全法》有关规定，公安机关对该单位法人代表处以行政处罚并处 1 万元罚款，对供电公司处 10 万元罚款。

（二）暴露问题

（1）某电力业务综合管控平台系统自上线以来，始终未进行网络安全等级保护的定级备案、等级测评等工作，未落实网络安全等级保护制度，未履行网络安全保护义务，是典型的违反网络安全法的行为（《中华人民共和国网络安全法》第二十一条、五十九条）。

（2）某电力业务综合管控平台未按照公司要求，履行信息安全措施与信息系统同步规划、同步建设、同步投入的"三同步"原则，未经审批就启动建设，系统上线前未完成防护方案评审，未通过第三方安全测试，未对系统完成备案和等保测评，严重违反公司规定（《国家电网公司网络与信息系统安全管理办法》第五条、《国家电网公司营销专业网络与信息安全管理工作细则》第五条至第十二条）。

案例三　违规存储客户敏感信息被窃取

（一）事故经过

某供电公司员工在未备案的情况下，违规存储客户敏感信息 1 万余条，下班后复制到个人计算机进行处理，工作完成后未将敏感信息删除。后来，在个人计算机维修过程中，维修人员将客户敏感信息复制并在互联网上发布，获利 200 元。后经公安机关调查，计算机维修人员将客户敏感信息卖出并获利，被依法逮捕。供电公司人员因违规操作、未履行保密义务，受到内部处罚。供电公司虽与涉案人员签署保密协议，但因缺乏监管受到了相应的行政处罚。

（二）暴露问题

（1）电脑维修人员非法窃取、出售个人信息的行为，违反了网络安全法"任何个人和组织不得窃取或者以其他非法方式获取个人信息，不得非法出售或者非法向他人提供个人信息"之规定，触犯《刑法》第二百五十三条之一的规定，且符合"情节特别严重"的情况（《中华人民共和国网络安全法》第四十四条，《中华人民共和国刑法》二百五十三条，《最高人民法院、最高人民检察院关于办理侵犯公民个人信息刑事案件适用法律若干问题的解释》第三条、第四条）。

（2）供电公司人员违反公司规定，私自存储客户信息，并拷贝到个人计算机，违反"对客户敏感数据的批量业务操作，需要在指定设备上进行操作，并对该设备的打印、拷贝、邮件、文档共享、通信工具等均需进行严格管控，防止数据泄漏"之规定，未按照国网公司"信息安全谁主管谁负责，谁运行谁负责，谁使用谁负责，管业务必须管安全"之原则履行安全职责，负有较大管理责任（《国家电网公司网络与信息系统安全管理办法》第八条、《国网营销部关于加强营销专业网络与信息安全管理的工作意见》）。

（3）供电企业虽已履行保密协议等安全责任，但对本单位信息安全缺乏监管，未按照国家电网公司"信息安全工作统一领导、分级管理，谁主管谁负责，谁运行谁负责，谁使用谁负责，管业务必须管安全"之原则履行安全职责，负有相应管理责任（《国家电网公司网络与信息系统安全管理办法》第八条）。

案例四　违规将账号给外委人员使用导致信息泄露

（一）事件经过

某供电公司员工因在外出差，将自己的业务系统账号提供给外委施工人员，代自己进行流程审批。外委人员利用该员工系统账号查询了近 100 个客户的敏感信息，并对部分系统界面进行了拍照。之后，外委人员将非法获取的个人信息在网上售卖，获得非法收入 2500 元，造成恶劣社会影响。后经公安机关调查，外委人员被依法逮捕。该供电公司人员违反公司规定，对事件负有管理责任，受到内部处罚。该供电公司虽与涉案人员签署了保密协议，但因缺乏监管受到了相应的行政处罚。

（二）暴露问题

（1）外委施工人员非法窃取、出售个人信息的行为，违反了网络安全法"任何个人和组织不得窃取或者以其他非法方式获取个人信息，不得非法出售或者非法向他人提供个人信息"之规定，触犯《刑法》第二百五十三条之一的规定，且符合"情节特别严重"的情况（《中华人民共和国网络安全法》第四十四条、《中华人民共和国刑法》二百五十三条、《最高人民法院、最高人民检察院关于办理侵犯公民个人信息刑事案件适用法律若干问题的解释》）。

（2）供电公司人员严重违反公司规定，违规向外委人员提供业务系统账号密码信息，造成客户敏感信息泄露，未按照国家电网公司"信息安全谁主管谁负责，谁运行谁负责，谁使用谁负责，管业务必须管安全"之原则履行安全职责，负有较大管理责任（《国家电网公司网络与信息系统安全管理办法》第八条、《国家电网公司营销专业网络与信息安全管理工作细则》第十四条）。

（3）供电企业虽已履行保密协议等安全责任，但对本单位信息安全缺乏监管，未按照国家电网公司"信息安全工作统一领导、分级管理，谁主管谁负责，谁运行谁负责，谁使用谁负责，管业务必须管安全"之原则履行安全职责，负有相应管理责任（《国家电网公司网络与信息系统安全管理办法》第八条）。